AF264231

COMPTE RENDU

AU COMITÉ DE SURETÉ GÉNÉRALE

DE LA CONVENTION NATIONALE,

Par GAUDIN, *Député de la Vendée.*

Un long temps se consume à détruire un méchant :
Pour perdre un honnête homme, il ne faut qu'un instant.

DORAT.

IL y a six mois que Bourdon (de l'Oise) m'a dénoncé, pour la première fois, à la Convention nationale : elle s'étoit bornée à me rappeller à mon poste (1). Hier, j'ai cru qu'il étoit de mon devoir de lui faire connoître quelques vérités consolantes sur la Vendée ; je voulois sur-tout lui parler de la petite ville des Sables, qui n'a que six mille ames de population, et a six cents matelots au moins sur les vaisseaux de l'état, et qui, malgré cet affoiblissement, n'a pas laissé que de résister à deux attaques consécutives des brigands. Il

---

(1) Ce mémoire a été écrit à la hâte, le 15 ventôse.

faut que l'on ait cru voir en moi un intrigant qui cherchoit à égarer l'opinion de la Convention ; car j'ai été aussitôt interrompu ; et Bourdon (de l'Oise) a fait la motion de faire examiner ma conduite par le comité de Sureté générale , ce qui a été décrété. C'est pour mettre ce comité à même d'en juger, que je vais en tracer le tableau depuis le commencement de la révolution. Je serai vrai et le plus laconique possible ; le comité , au reste , pourra s'assurer des faits que j'avance.

J'étois révolutionnaire avant la révolution ; je suis le premier qui ait porté, aux Sables, la cocarde verte , & ensuite la tricolore. Un navire à mon frere & à moi , est aussi le premier qui ait déployé dans son port le pavillon national, & l'ait salué de plusieurs coups de canons. C'est moi qui ai formé la Garde-nationale des Sables , qui ai été son instructeur et son premier commandant. J'ai fondé la Société populaire de cette ville. Élu son maire malgré moi ; (car j'ai toujours senti que le rôle d'un militaire étoit celui dont je m'acquitterois le moins mal,) je n'ai cessé de répandre les bons principes et de contenir les ennemis de la liberté. J'ai fait marcher les gardes-nationales des Sables , sous la conduite de mon frere , contre les premiers révoltés de la Vendée , au mois de Mars 1790 , et peu après j'ai peut-être arrêté pour un temps la révolte générale , en faisant marcher contre le château de la Proutière , à quatre lieues de cette ville , où quarante gentilshommes et un grand nombre de fanatiques étoient déja rassemblés : c'étoit à l'époque de la fuite du tyran ; le château fut incendié ; je fus accusé à l'assemblée constituante d'en être l'auteur ; et sans Goupilleau , qui prit ma défense , on m'eût plongé dans un cachot ; un grand nombre de ci-devants furent arrêtés à la suite de cette affaire , et s'en sont tirés par l'amnistie que décréta cette assemblée nationale.

J'ai encore été nommé , contre mon gré , à l'assemblée législative et à la Convention , mais j'ai accepté : je ne sais pas désobéir à la volonté du peuple ; j'ai toujours été un des plus zélés montagnards de l'assemblée législative ; j'y ai prononcé un discours contre les prêtres réfractaires , et je l'ai avertie des malheurs qui désoleroient la Vendée, si on ne prenoit un parti sévère contre eux. La foiblesse de mon organe et le bruit du côté droit m'empêchèrent d'être entendu ; j'ai fait aussi tous mes efforts pour l'être dans l'affaire de Bertrand , et pour faire mettre ce ministre en état d'accusation : j'ai toujours voté contre Lafayette, et on doit se rappeller les scènes que j'ai eues avec Laveroux et Calvert : je suis surpris que mes collègues de l'assemblée législative, qui se resouviennent si bien de quelques-unes de mes erreurs (1), ayent oublié tout cela.

Je n'ai pas aussi bien marché à la Convention, mais mes intentions n'en ont pas été moins pures. L'éloquence de quelques députés, et mes soupçons contre d'Orléans m'ont entraîné, mais je n'ai jamais comploté ni signé aucun acte de fédéralisme ; je n'ai jamais été lié avec les meneurs du côté droit ; j'ai toujours vécu dans Paris, isolé ; ce qui n'annonce pas un conspirateur, car on ne conspire pas tout seul.

Je passe actuellement à ma conduite dans la Vendée pendant l'année dernière.

Je partis de Paris au mois de février 1793, avec un congé de la convention, et j'arrivai aux Sables-d'Olonne vers le milieu du mois ; j'y étois à-peine que les troubles de la Vendée

____

(1) Il n'est pas vrai cependant que j'aye assailli la Montagne avec un sabre : je n'en ai jamais porté à la Convention.

commencèrent (1) ; on en fit sortir une compagnie de grenadiers ; je voulus donner l'exemple, et, en vrai sans-culotte , j'endossai la giberne et le havresac , et je marchai contre les révoltés : nous en arrêtaines plus de quatre-vingts , qui furent d'abord conduits aux Sables , et ensuite , pour plus de sureté , transférés à l'isle de Ré : un juge-de-paix les interrogea tous ; on ne tira pas grande chose de leurs dépositions ; cependant elles laissoient entrevoir une vaste conspiration ; la compagnie dans laquelle j'étois fut relevée par un détachement des Sables et de Fontenai-le-Peuple ; il fut taillé en pièces le 12 mars, dans un gros bourg du district de Challans , nommé Palluau ; cependant l'intrépidité de quelques canonniers et volontaires fontenaisiens et sablais sauva une pièce de campagne , la seule qu'eût notre petite armée.

----

(1) Les troubles commencèrent à éclate dans le district des Sables , à un petit bourg appelé Landeronde , à cinq lieues de cette ville ; les paysans , après s'y être attroupés , se portèrent chez les patriotes , pour se saisir de leurs armes , car on n'en n'avoit laissé qu'à ceux d'un patriotisme reconnu ; le reste avoit été désarmé : nous fumes à ce bourg planter l'arbre de la liberté

Les brigands, après avoir commis mille atrocités dans les villes de Legé et Machecoul, avoient forcé les administrateurs et les gardes-nationales des districts de Challans et de la Roche-sur-Yon, d'évacuer leur territoire. Une grande partie d'eux s'étoit refugiée aux Sables, et cette ville alloit être attaquée. On jetta les yeux sur moi pour commander les patriotes qui s'y trouvoient réunis; j'acceptai ce commandement, et je jurai qu'elle ne seroit pas rendue tant que je serois en vie. Chacun promit de mourir à son poste, et je travaillai sans relâche à la mettre en état de défense (1). Mais comme ce n'étoit pas assez de savoir mourir pour la liberté, et qu'il falloit encore conserver à la République un point important, que nous étions bien foibles pour défendre, mon frère partit pour l'isle de Ré (2). Chargé de demander du secours à ses braves insulaires, ils

---

(1) Je fis démonter une batterie de côté, du calibre de dix-huit, qui se trouvoit hors de l'enceinte des Sables, et je l'établis sur les principales avenues de cette ville. Les piéces de cette batterie, servies par des canonniers matelots, ont fortement contribué, à la défaite des brigands, le 29 mars.

(2) La mer étoit affreuse, et il pensa être englouti cent fois.

nous envoyèrent de suite cinq à six cents hommes avec quelques piéces de campagne, sous les ordres du citoyen Foucaud. Je voulus aussitôt céder le commandement à cet ancien et brave officier, mais on s'y opposa, et on voulut que nous le partageassions ensemble. La plus grande confiance et la plus parfaite harmonie ont régné entre nous.

Nous ne nous bornames pas alors à défendre la ville des Sables, nous craignions les secours des Anglais, et les royalistes étoient maîtres de Saint-Gilles-sur-Vie aujourd'hui Port-Fidèle; nous résolumes de leur enlever ce port (1). En

---

(1) Un autre fait peut répondre à ceux qui prétendent que je n'ai combattu les brigands que par égoïsme pour défendre nos propriétés. Dans ces moments les plus critiques, nous avions dans la rade des Sables un sloop armé; j'aurois pu m'en servir pour la défense de cette ville, soit en l'embossant dans le port, soit en faisant débarquer son artillerie et son équipage; mais les royalistes, maîtres de Noirmoutier, avoient sommé l'île d'Yeu de se rendre. Le bâtiment fut requis d'aller croiser devant cette ville, pour les empêcher de s'en emparer; et ce fut moi qui engageai les administrateurs des Sables à lui donner cette réquisition qui a sauvé l'île d'Yeu.

J'ajouterai que ma petite fortune n'est pas aux Sables, et que je n'y avois pas même alors de domicile. Je logeois chez mon frère.

conséquence nous sortîmes de la ville, et nous nous avançames avec quatre cents hommes et deux pièces de canons, jusqu'à deux lieues. Nous trouvames l'ennemi retranché sur le bord d'une petite rivière qu'il nous falloit passer ; et malgré une fusillade et une canonade très-vive qui lui tua beaucoup de monde, nous ne pumes le débusquer. Ce fut un bonheur, les brigands étant beaucoup plus forts que nous ne le croyions. Il nous fallut donc prendre le parti de nous en tenir à la défensive, en attendant de nouveaux secours.

Le 27 mars, les brigands vinrent attaquer les Sables. Nous sortîmes au-devant d'eux, pour leur en imposer, et prîmes une position telle que nous étions toujours à-même d'opérer une retraite sous le canon de la place. Un cavalier des brigands vint à nous, il demanda le commandant, on me l'amena ; il me remit une sommation de rendre la ville (1) aux troupes de Louis XVII. Cette sommation, pleine de belles promesses, et de menaces en cas de résistance, étoit adressée aux commandants et aux administrateurs des Sables. Je dis à Foucaud,

____

(1) Cette piéce a été envoyée à la Convention, elle étoit signée, *Joly*, général de Louis XVII.

en la lui donnant : Mettez-la en poche , nous la montrerons à nos administrateurs après l'affaire. Et l'ennemi se trouvant à portée, elle s'engagea aussitôt. Nous ne tardames pas à effectuer notre retraite , nous étant apperçus que son aile gauche gagnoit sur la ville , pour l'attaquer , tandis que son corps de bataille nous amusoit. Elle se fit avec ordre ; et après avoir tenté plusieurs petites attaques sur différents points , les brigands battirent la retraite à l'entrée de la nuit , et partirent, emportant leurs morts , et ne laissant que les traces de leur sang, et quelques cadavres de chevaux , tués par notre canon.

Cependant j'écrivois lettres sur lettres à mon collègue Niou , à la Rochelle , pour lui faire savoir ma situation ; et de son côté , il faisoit tous ses efforts pour me secourir promptement ; mais il n'arriva à temps qu'une compagnie de grenadiers de Bordeaux et un petit détachement de volontaires Rochelais. La garnison des Sables se montoit en tout à quatorze ou quinze cents hommes (1). Lorsque les brigands parurent

---

(1) Nous n'avions pas mille hommes bien armés , les brigands parurent sur les trois heures du soir , ils étoient dix-huit à vingt mille hommes.

de nouveau , le 28 mars ; ils s'emparèrent d'abord des villages environnant la ville , et vinrent dans la nuit , établir leurs batteries à trois cents toises de ses murs , à l'embranchement des routes de Nantes et de Beauvoir ; leur cavalerie fit replier nos avant-postes , qui tirèrent sur elle quelques coups de fusils. Cette manœuvre étoit pour qu'on ne s'apperçût pas de leurs travaux ; mais j'en avois déja eu connoissance , et après avoir fait tirer à grosse mitraille une piéce qui enfiloit la route , afin de la nétoyer , je fus les reconnoître , et disposai mes batteries en conséquence. Le 29 , à quatre heures et demie du matin , l'ennemi ouvrit son feu. On s'apperçut bientôt qu'il tiroit à boulets rouges , et tout fut disposé pour prévenir l'incendie qui n'eut lieu que dans une seule maison , les boulets étant mal chauffés , et les canonniers brigands fort mal-adroits. Il n'en étoit pas de même des nôtres ; en moins de quatre heures, ils démontèrent toutes les piéces des ennemis , firent sauter leur forge , et mirent le feu à un de leurs magasins à poudre , ce qui leur causa une grande frayeur. Nous en profitames , nous sortimes sur eux et leur tuames plus de cinq cents hommes ; toutes leurs munitions , leurs vivres et leur artillerie tombèrent en notre pouvoir. Ils avoient près de vingt bouches à feu , dont deux piéces

:de dix-huit livres de balles. Si nous avions eu de la cavalerie (1), nous exterminions entièrement les armées de Charette, Jolly, Savin, Saint-Pal, &c. qui s'étoient réunies pour prendre les Sables. La Convention décréta à cette occasion que cette ville avoit bien mérité de la patrie, et la mention honorable de ma conduite (2). J'étois loin de penser qu'elle chargeroit son comité de Sureté générale de l'examiner un jour.

Le même soir de cette heureuse journée, mon collègue Niou arriva sur une frégate, avec plusieurs bâtiments de guerre & de transport : ils étoient chargés de troupes & de munitions. Il vit les cadavres & les dépouilles des ennemis, il fut surpris du courage que nous avions montré, avec si peu de moyens de défense (3). Il vit

---

(1) Nous n'avions que quelques gendarmes et cavaliers volontaires, armés de pistolets de poche et de briquets. Les brigands avoient une cavalerie fort leste ; elle nous donna un spectacle horrible : nous la vimes poursuivre et sabrer des malheureux qui se sauvoient et ne vouloient pas se battre. Indigné de cette action atroce, je fis diriger sur elle quelques coups de canons.

(2) Décret du 8 avril 1793.

(3) Nous avions si peu de canons que je fus obligé de faire servir de vieilles piéces de fer, dont deux se félèrent pendant le combat et ne blessèrent heureusement personne.

La maison commune convertie en arsenal, et ~~la~~
remplie de poudre que j'y avois fait trans-
porter des poudrières situées hors de la ville.
La municipalité, dont mon frère étoit maire,
s'étoit froidement tenue sur ce volcan, tandis
que des boulets rouges le traversoient en tout
sens. Niou ne put s'empêcher de s'écrier :
Ah, que vous êtes braves ! Boulard, qui
arriva peu après avec le reste de son armée,
rendit le même hommage à la belle défense
que nous avions faite. Il m'engagea à lui servir
d'adjudant-général : je crus ne pouvoir accepter
cette offre ; mais j'acceptai le commandement
temporaire de la ville : jusqu'à l'expiration de
mon congé, je n'ai rien négligé pour la mettre
en un état respectable (1), et lui procurer ainsi
qu'à l'armée ce qui lui étoit nécessaire. Niou m'a
vu sortir, à la tête d'une partie de ma garnison,

---

(1) J'y ai fait construire, sur plusieurs points, des
parapets et des redoutes en gazon et en fascines. Personne là
n'entendoit rien à ces sortes d'ouvrages ; j'en ai tracé moi-
même une partie, et j'ai montré jusqu'à faire des saucissons,
et à en revêtir les épaulements et les embrasures. J'y ai
établi, sous la direction du citoyen Guéner, un petit arsenal,
qui a raccommodé et construit beaucoup d'affûts, tant de
côte que de campagne, et qui a aussi fait beaucoup de
chevaux-de-frise, plates-formes, &c. propres à la défense
des places et au service de l'artillerie.

et aller à deux ou trois lieues, dans un pays très-boisé et très-difficile, enlever, à la barbe de l'ennemi, un ci-devant officier général, et ramener de son château cinquante charettes chargées de grain et de bois dont la ville alloit manquer.

Je ne tardai pas à être adjoint aux représentants du peuple dans le département de la Vendée (1), non pas, comme on l'a avancé à la Convention, parce qu'elle n'étoit pas encore épurée, mais sur le témoignage très-avantageux que ses commissaires rendirent de ma conduite. J'ai toujours été attaché depuis à l'armée des Sables, qui a remporté vingt et quelques victoires de suite, et que pour cette raison, les brigands appelloient la Pucelle. J'ai fait tous mes efforts, pour faire aller dans cette partie la machine, trop souvent entravée là, comme partout ailleurs. Les lettres que j'ai déposées au comité, malgré leur petit nombre et leur désordre, offrent un tableau fidèle de ma conduite et de mes sentiments. J'étois trop occupé de détails militaires pour mettre beaucoup de soin à recueillir ma correspondance. Mais le peu qui en reste suffit pour me faire connoître (2).

____

(1) Le 13 avril 1793, et continué jusqu'à la fin de juillet.

(2) On y voit que je me défiois de Noirmoutiers où je ne voulus pas envoyer beaucoup de munitions, dans la crainte

(14)

Vers les derniers jours de juillet ou dans les premiers d'août, la ville des Sables et l'armée alloient manquer de munitions, malgré mes demandes réitérés. Je pris le parti d'aller moi-même en chercher, et je fus à Niort, pour me concerter à ce sujet avec mes collègues. Là, j'appris que je n'étois plus commissaire de la Convention. Cependant, attendu la circonstance, Goupilleau prit un arrêté pour qu'on me délivrât, à Rochefort, les canons et munitions que je réclamerois et qu'il seroit possible de me donner, sans nuire au service de la marine (2). J'ai rempli fidélement cette mission très-importante. Goupilleau me fit parcourir toutes les fortifications de Niort, et me fit mille amitiés; il m'est depuis venu embrasser, dès qu'il m'a vu à la Convention ; il ne m'a donc pas cru coupable.

Je ne répondrai point aux inculpations de mon collègue Bourdon ; les piéces que j'ai déposées au comité de Sureté générale, ont plus de force que tout ce que je pourrois dire à ce

---

de les donner aux ennemis. Que, sous prétexte de fortifications, je détruisois les monuments du fanatisme. Que j'ai voulu faire secourir Nantes, et que j'ai désigné Biron à mes collègues, à Niort, comme un traître.

(2) Une expédition de cet arrêté a été laissée par moi au commandant d'armes de Rochefort, pour sa garantie.

-sujet. Elles consistent dans l'extrait du procès-verbal d'une séance de la Société populaire des Sables, et des certificats du conseil général de sa commune, et du conseil de l'administration de son district, ainsi qu'un certificat des administrateurs de celui de Challans, réfugiés aux Sables (1). Toutes ces piéces déclarent n'avoir aucune connoissance des faits allégués par mon collègue , et rendent témoignage de ma conduite vraiment républicaine.

Je ne me suis pas rendu à mon poste aussi-tôt que je l'aurois desiré , j'ai été très-malade ; Prieur, du comité de Salut public, m'a vu dans mon lit à Tours où j'avois été obligé de rester. Il m'engagea à ne point presser mon voyage, et à me bien rétablir avant de me remettre en route pour Paris. Je ne suivis pas ses conseils , je partis dès que je pus supporter la voiture, et je retombai en arrivant ici. Mes collègues ont pu voir dans quel état j'étois quand j'ai paru à la Convention. Je pourrois assurer que cette maladie , dont j'ai manqué de mourir , est le fruit

------

(1) Mes ennemis ne manqueront pas de dire que toutes ces administrations n'étoient pas alors épurées. J'observerai qu'à l'exception de quelques individus , les hommes qui ont signé ces piéces , sont encore en place , et composent même le comité de Surveillance des Sables.

de mes fatigues, et de mon séjour parmi les troupes qui en étoient infectées (1).

En voilà bien assez. J'ai entré en des détails trop militaires peut-être pour un homme qui se justifie ; mais il falloit bien faire connoître ce que j'ai fait pour sauver une partie de la Vendée, et les risques que j'ai courus en me renfermant aux Sables ; car si les brigands avoient forcé cette ville, ils ne m'auroient surement fait aucun quartier. Je ne me permettrai aucune réflexion, je laisse à mes collègues à les faire toutes ; ils prendront l'ensemble de ma conduite, et ils verront si un homme qui a si mal traité les troupes de Louis XVII, peut être un partisan de la royauté. Mon collègue Bourdon a été trompé sur mon compte ; et est-il surprenant que dans la Vendée il se soit trouvé des hommes qui aient cherché à perdre le plus cruel ennemi des brigands, & le plus zélé défenseur des patriotes de ce malheureux pays. Que la Convention ne peut-elle lire dans mon cœur ! Sans ambition, et sans intrigue, je n'ai jamais formé de vœux que pour le bonheur de ma patrie.

____

(1) J'ai souvent bivouaqué et couché avec elles sur de la paille pourrie.